体にうれしい
藤井恵のまいにち納豆

家の光協会

目次

1章 納豆にちょいのせ

2章 納豆でサラダ・あえもの

3章 納豆でボリュームおかず

4章 納豆でおつまみ

５章 納豆でごはん・めん

この本の決まりごと

・納豆は、１パック40ｇのものを使用しています。納豆の粒の大きさは大粒、中粒、小粒、極小粒など、好みのものを使ってください。添付のたれや辛子は使用していませんが、好みでしょうゆの代わりに添付のたれを使ってもかまいません。
・計量の単位は、小さじ１は５mℓ、大さじ１は15mℓ、１カップは２００mℓです。
・ガスコンロの火加減は、特に記載がない場合は中火です。
・食材を洗う、野菜の皮をむく、ヘタや種をとるなど、基本的な下ごしらえは作り方から省いています。適宜おこなってください。
・電子レンジの加熱時間は、６００Ｗの場合の目安です。５００Ｗなら１・２倍、７００Ｗなら０・８倍を目安に加熱します。
・電子レンジやオーブンは機種により加熱時間が多少異なるので、取扱説明書に従い、様子を見ながら調理してください。

「1日1納豆」これがわたしの元気の秘訣です

体にいい食材に目のないわたし。発酵食品や豆類、海藻、きのこなどを積極的に食べるようにしているのですが、なかでも「体にいい！」と実感しているのが納豆です。お通じがよくなり、肌のハリやツヤもアップ、体も軽くて毎日調子がいいんです。

以前、納豆を２〜３日食べなかったら、お通じもよくないし、体調もすっきりしない、ということがありました。そこで慌てて買いに走り、納豆を食べ始めると安心感もあってか体調は回復。こんなに早く効果が出るなんて、とびっくり！以来、１日１パック食べることを日課にしています。

でも、毎日食べるのは、なによりおいしいから！　素材の組み合わせで、味の変化が楽しめて、毎日の料理に加えると、うまみ成分のおかげで驚くほどおいしくなります。料理の素材としても魅力がいっぱいなんです。

朝ごはんはもちろん、いろいろなシーンでもっと気軽に納豆を食べてほしいので、ふだんわたしが食べている、簡単な納豆おかずの献立も紹介します。納豆を、毎日おいしく食べて、元気になっていただければうれしいです。

藤井　恵

わたしの納豆の食べ方①

朝ごはんに

わが家では、夫、わたし、娘と
家族そろって食卓を囲めるのが、朝ごはんです。
だから、みんなが1日を元気に過ごせるようにと、
体にいい朝ごはん献立を心がけています。
とはいえ、朝は忙しい！　そんなとき重宝するのが、
納豆に、冷蔵庫にある食材を〝ちょいのせ〟したもの。
ほんのひと手間かけるだけで、おいしさも栄養も
アップするし、毎日飽きずに食べられるんです。
あとは、みそ汁とごはんを添えるだけで、
バランスのよい朝ごはんになります。

めかぶ納豆にみそ汁、ごはんを添えて

→作り方は p.32

わたしの納豆の食べ方②

昼ごはんに

朝はごはん派のわたしですが、
昼はパンと簡単なおかずで済ませることも。
そんなときに納豆を食べるなら、サラダにします。
具として使ったり、ドレッシングに加えたりと、
楽しみ方はさまざまですが、すぐにできて
ボリューム満点のおかずサラダになります。
納豆といえばごはんと考えがちですが、
洋風のメニューともなかなかの相性なんですよ。
このほか、わが家のお昼には、納豆を使った
チャーハンやパスタもよく登場します。

ツナマヨ納豆きゅうりサラダにトーストを添えて

→作り方は　p.50

わたしの納豆の食べ方③

晩ごはんに

納豆は、小鉢やあと一品欲しいときの
小さなおかずといったイメージが強いですが、
じつは、メインのおかずにもなるんです。
たとえば、ハンバーグや鶏のから揚げ、野菜炒めなど、
晩ごはんでもおなじみのおかずに納豆を加えると
ふつうに作るよりも格段においしくできます。
なぜなら、納豆にはうまみ成分がたっぷりだから。
晩ごはんで納豆を食べよう！　というときは
こんなふうに、いつものおかずに加えて
うまみ調味料のように使うのが、わたし流です。

ゴーヤ納豆チャンプルーに、酢のもの、ごはんを添えて

→作り方は　p.76

わたしの納豆の食べ方④

晩酌に

仕事を終えて、ゆるりと杯を傾ける時間は
1日を締めくくる、至福のひととき。
自他ともに認めるお酒好きなわたし、
毎日の晩酌は欠かせません。
だからこそ、おつまみはヘルシーなものが食べたい。
なかでも、最近のお気に入りは納豆を使ったもの。
居酒屋めぐりで出合った一品を再現してみたり、
自分なりに工夫をしてみたり……。
納豆はうまみがあるから、自然とお酒も進みます。
日本酒はもちろん、ビールやワインにもぴったりです。

納豆の磯辺揚げを日本酒とともに

→作り方は　p.98

納豆をおいしく料理するための4つのポイント

納豆には独特の粘りやにおいがあるので、
料理に使う際には、
ちょっとしたコツが必要です。
粘りを出さないようにしたいとき、
反対に粘りを利用したいとき、
うまみを強くしたいときなど、
覚えておくとおいしさに差がつく、
納豆の扱い方を紹介します。

ポイント 1

さっくり混ぜる

ドレッシングや、合わせ調味料に納豆を使うときは、さっくりと混ぜ、納豆の粒感ととろりとした食感を楽しみます。糸を引くほど粘りを出さないように注意しましょう。

a 調味料を混ぜておき、納豆を加える。

b 納豆に調味料をなじませるように、切るように混ぜる。

鶏塩から揚げの納豆おろしソース（p.56）、
なすたっぷり麻婆納豆（p.62）
などに。

ポイント 2

しっかり混ぜる

ギョウザのあんや落とし揚げのたねなど、生地をひとまとめにしたい料理には、納豆の粘りを利用します。糸を引くくらいまでしっかりと混ぜましょう。

a 納豆が糸を引くまで、しっかりと混ぜる。

b 具材を加え、さらによく混ぜて納豆の粘りでまとめる。

納豆チーズ焼きギョウザ（p.60）、
納豆と豚肉の落とし揚げ（p.64）、
納豆しそ巻き焼き（p.92）
などに。

この本で使う納豆について

わたしたちが普段食べている納豆は「糸引き納豆」といわれるもの。糸引き納豆には、「丸大豆納豆」と、乾燥状態の丸大豆を割って皮を取り除いた「ひき割り納豆」があり、この本では、「丸大豆納豆」を使用しています。

また、納豆の粒の大きさは以下の４種類が一般的です。あえものなどには大粒が、ドレッシングには小粒～極小粒がおすすめですが、粒の大きさは好みで選んでください。

極小粒
食材とからみやすい

小粒
ごはんとなじむ大きさ

中粒
ほどよい食べごたえ

大粒
大豆らしさが味わえる

ポイント 3

つぶす

肉だねに混ぜたり、汁ものに混ぜたりするときは、よりなじみやすくなるように、納豆をつぶします。うまみも強くなり、加熱してもあまりにおいが立たなくなります。

a
ポリ袋に納豆を入れ、
めん棒を転がして粒をつぶす。

b
袋の中で広がった納豆を、
まとめてはつぶすをくり返す。

c
納豆の粒がなくなり、
ペースト状になればOK。

↓

納豆入り
豆腐ハンバーグ（p.54）、
里いも納豆コロッケ（p.58）、
具だくさん納豆みそ汁（p.73）
などに。

ポイント 4

加熱しすぎない

炒めものやチャーハンに納豆を使う場合、最後に加えて手早く炒め合わせ、火を止めます。加熱しすぎると、余分な粘りやにおいが出てしまいます。

仕上がりの一歩手前で
納豆を加え、さっと混ぜたら
火を止める。

↓

なすたっぷり麻婆納豆（p.62）、
納豆小松菜炒め（p.70）、
納豆チャーハン（p.108）
などに。

1章 納豆にちょいのせ

そのまま食べてもおいしい納豆ですが、
相性のいいものを組み合わせると、
味に変化が出て、
毎日飽きずに食べられます。
薄めの味つけにして、
おかずとして楽しむのがわたし流。
簡単なので、朝ごはんや、
あと一品欲しいときに重宝します。

温たまのっけ納豆

材料（1人分）と作り方

納豆1パックは混ぜ、しょうゆ小さじ1/2も混ぜて温泉卵1個をのせる。

「
しっかり混ぜても、軽く混ぜてもおいしい。
しっかり混ぜたほうがよいといわれますが、
わたしは軽く混ぜ派です
」

薬味で①

香りが強くて、さわやかな薬味は食欲を刺激します。

青じその香りに、しょうがの辛みがアクセント

青じそしょうが納豆

材料（1人分）と作り方

納豆1パックは混ぜ、しょうゆ小さじ1/2も混ぜてみじん切りのしょうが小さじ1/2、みじん切りの青じそ2枚分をのせる。

みょうが納豆

材料（1人分）と作り方

納豆1パックは混ぜ、しょうゆ小さじ1/2も混ぜてみょうがの薄い小口切り1/2個分をのせる。

シャキシャキの歯ごたえでおいしさアップ！

長ねぎより辛みが
マイルドな細ねぎで

細ねぎ納豆

材料（1人分）と作り方

納豆1パックは混ぜ、しょうゆ小さじ1/2も混ぜて細ねぎの小口切り1本分をのせる。

定番の薬味の香り、
辛みは相性抜群！

さらし白ねぎ納豆

材料（1人分）と作り方

長ねぎ2cmは薄い小口切りにして水にさらし、水けをきる。納豆1パックは混ぜ、しょうゆ小さじ1/2も混ぜて長ねぎをのせる。

薬味で②

香りに加えて
コクのあるもので
味わいに変化を！

やわらかい
しらすで
やさしい味に

しらす納豆

材料（1人分）と作り方

納豆1パックは混ぜ、しょうゆ小さじ1/2も混ぜて釜揚げしらす大さじ1をのせる。

辛みがきいて
さっぱり味に

おろし納豆

材料（1人分）と作り方

大根2cmはすりおろして軽く水けをきり、器に盛る。納豆1パックは混ぜ、しょうゆ小さじ1/2も混ぜてのせる。

おかかのうまみが
納豆と梅干しの
つなぎ役

梅おかか納豆

材料（1人分）と作り方

梅干し1/2個は種を除いてたたく。納豆1パックは混ぜ、しょうゆ小さじ1/4も混ぜて削りがつおひとつまみ、梅干しをのせる。

ごまの香ばしさと
コクがマッチ

すりごま納豆

材料（1人分）と作り方

納豆1パックは混ぜ、しょうゆ小さじ1/2も混ぜて白すりごま小さじ1をのせる。

野菜で

野菜の歯ごたえが
アクセントになり
ボリュームアップ！

長いも
シャキシャキが
心地よい

刻み長いも納豆

材料（1人分）と作り方

長いも3cmは粗みじん切りにする。納豆1パックは混ぜ、しょうゆ小さじ1/2～1も混ぜて長いもをのせる。

さらし玉ねぎ納豆

材料（1人分）と作り方

玉ねぎ1/8個はみじん切りにし、さらしやふきんなどにのせて塩少々をふって包み、流水の下でもみ洗いをし、水けを絞る。納豆1パックは混ぜ、しょうゆ小さじ1/2～1も混ぜて玉ねぎをのせる。

辛みを抜いた
玉ねぎは、
さわやかな香り

ねばねば同士の
組み合わせ

ゆでオクラ納豆

材料（1人分）と作り方

オクラ2本は熱湯に塩少々を加えてさっとゆで、ざるに上げて冷まし、薄い小口切りにする。納豆1パックは混ぜ、しょうゆ小さじ1/2～1も混ぜてオクラをのせる。

ツルンとした
喉ごしで食べやすい

ゆでなめこ納豆

材料（1人分）と作り方

なめこ大さじ山盛り2は熱湯でさっとゆで、水けをきる。納豆1パックは混ぜ、しょうゆ小さじ1/2～1も混ぜてなめこをのせる。

発酵食品で

発酵食品同士を
合わせて
うまみをアップ！

うまみの
相乗効果で
コクが増す

おかか納豆

材料（1人分）と作り方

納豆1パックは混ぜ、しょうゆ小さじ1/2も混ぜて削りがつお1/2パックをのせる。

手ごろなチーズで
カルシウムをプラス

刻みチーズ納豆

材料（1人分）と作り方

納豆1パックは混ぜ、細かく刻んだプロセスチーズ20gをのせる。

辛みと酸味が
食欲を刺激

キムチ納豆

材料（1人分）と作り方

納豆1パックは混ぜ、細かく刻んだ白菜キムチ 20g をのせる。

漬け物で

独特の香りは
納豆にぴったりで
調味料いらず！

しその香りと酸味で
味が引き締まる

しば漬け納豆

材料（1人分）と作り方

納豆1パックは混ぜ、薄切りにしたしば漬け20gをのせる。

シャキシャキの
歯ごたえが楽しい

野沢菜漬け納豆

材料（1人分）と作り方

納豆1パックは混ぜ、細かく刻んだ野沢菜漬け30gをのせる。

いぶした香りがクセになる！
たくあんでも

いぶりがっこ納豆

材料（1人分）と作り方

納豆1パックは混ぜ、せん切りにしたいぶりがっこ10gをのせる。

わさびの辛みと
酒粕の甘みで深い味わいに

わさび漬け納豆

材料（1人分）と作り方

納豆1パックは混ぜ、しょうゆ小さじ1/2も混ぜてわさび漬け小さじ1をのせる。

いぶりがっこ納豆

しば漬け納豆

わさび漬け納豆

野沢菜漬け納豆

海藻で

食物繊維や
ミネラルがアップ。
だし汁を加えるとおいしい

磯の香りが納豆によく合う

わかめ納豆

材料（1人分）と作り方

わかめ（もどしたもの）20gは食べやすく刻み、しょうゆ、だし汁各小さじ1/2を混ぜて、混ぜた納豆1パックにのせる。

香ばしさと甘みをプラス

焼きのり納豆

材料（1人分）と作り方

納豆1パックは混ぜ、刻み焼きのりひとつまみをのせ、しょうゆ、だし汁各小さじ1/2を混ぜてかける。

昆布のうまみと塩けが
納豆にマッチ

塩昆布納豆

材料（1人分）と作り方

納豆1パックは混ぜ、塩昆布（細切り）ひとつまみを細かく刻んでのせ、しょうゆ、だし汁各小さじ1/4を混ぜてかける。

サクサクの食感を楽しんで

あおさ納豆

材料（1人分）と作り方

納豆1パックは混ぜ、あおさ（乾燥）1gをのせ、しょうゆ、だし汁各小さじ1/2を混ぜてかける。

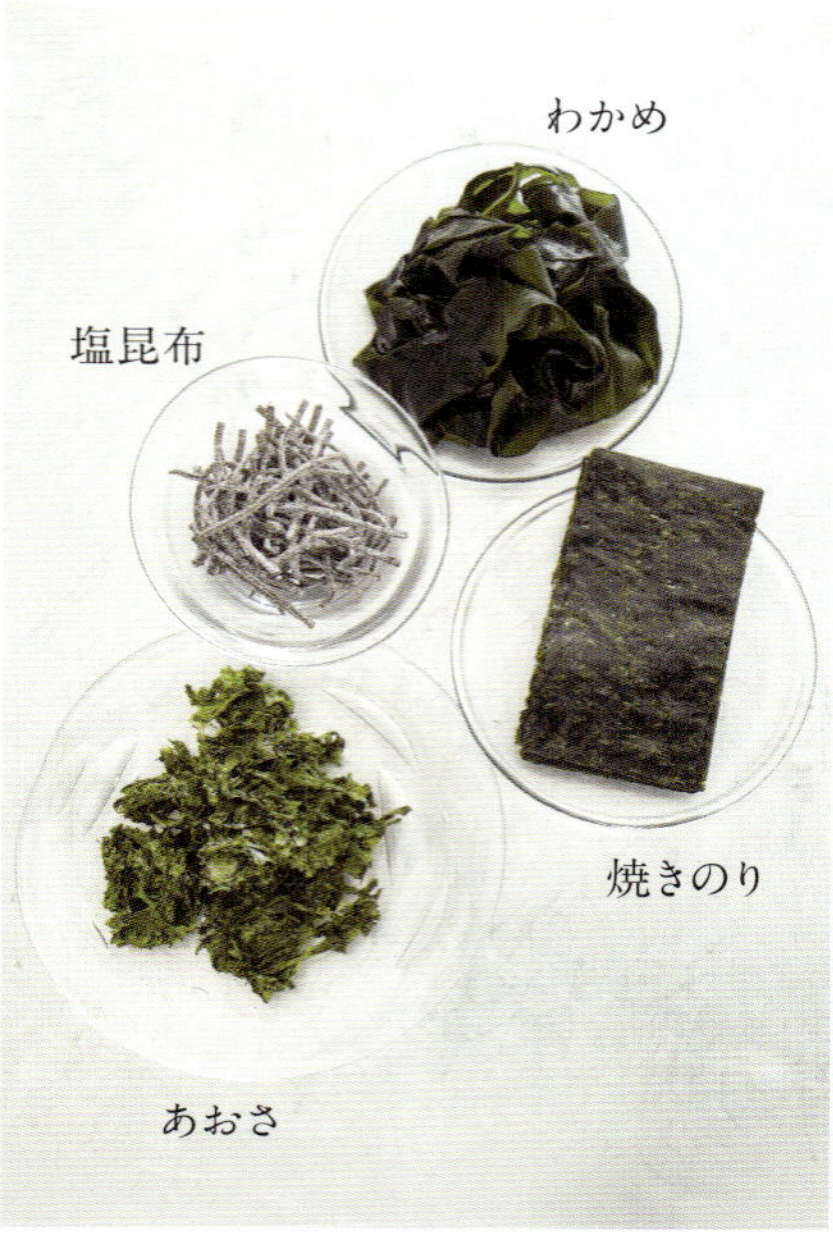

塩昆布納豆

わかめ納豆

あおさ納豆

焼きのり納豆

納豆が主役の体にいい献立 ①

- めかぶ納豆
- アスパラガスときのこのみそ汁
- ごはん（発芽玄米）

これぞわが家の定番朝ごはん。ねばねば食材のめかぶと納豆に、卵黄を落としておいしさも栄養も満点に。みそ汁の具はきのこにアスパラガス。具だくさんのみそ汁で野菜やきのこを補給します。

アスパラガスと
きのこのみそ汁

材料（2人分）

グリーンアスパラガス … 4本
まいたけ … 1/2パック
だし汁 … 1 1/2カップ
みそ … 大さじ1

作り方

1 アスパラガスは根元のかたい皮をむき、1cm幅の斜め切りにする。まいたけは粗くほぐす。

2 鍋にだし汁、1を入れて火にかけ、煮立ったら1～2分煮る。みそを溶き入れ、煮立つ直前に火を止める。

ごはん（発芽玄米）

米と発芽玄米を2対1の割合で炊いたもの。

めかぶ納豆

材料（2人分）

納豆 … 2パック
めかぶ（刻み）… 80g
卵黄 … 2個分
しょうゆ … 小さじ1

作り方

1 納豆はしょうゆを入れて混ぜる。

2 器にめかぶを半量ずつ盛り、1を半量ずつのせる。中央を軽くくぼませて、それぞれに卵黄をのせる。

納豆が主役の体にいい献立 ②

- ぬか漬け納豆
- ほうれん草ハムエッグ
- ごはん

納豆に洋風のハムエッグもおいしい組み合わせ。朝ごはんにおすすめです。
納豆にはぬか漬けをたっぷりと添えて歯ごたえを楽しみます。
ハムエッグにはゆでたほうれん草を添えてビタミン類を補い、
栄養バランスもアップ。

ほうれん草ハムエッグ

材料（2人分）

ほうれん草（4～5cm長さに切る）
… 150g
ハム … 2枚
卵 … 2個
サラダ油 … 小さじ1

作り方

1 フライパンに湯を1cm深さに入れ、塩、サラダ油各少々（分量外）を加えて煮立て、ほうれん草を入れ、ふたをして蒸しゆでにする。ざるに上げて水けをきる。

2 フライパンをきれいにしてサラダ油を熱し、ハムを入れ、卵を割り入れて好みの加減に火を通し、1とともに等分に器に盛る。

ぬか漬け納豆

材料（2人分）

ぬか漬け（きゅうりやにんじんなど
好みのもの）… 80g
納豆 … 2パック
しょうゆ … 少々～小さじ1/2
削りがつお … ふたつまみ

作り方

1 ぬか漬けは細かく刻む。ぬか漬けの塩けをみて、しょうゆの量を加減して加え、混ぜる。

2 ぬか漬け、混ぜた納豆の順に等分に器に盛り、削りがつおを散らす。

2章 納豆でサラダ・あえもの

納豆を使ったサラダやあえものは、
うまみがたっぷり！
ボリュームが出て、よりおかずらしくなります。
サラダの具はもちろん、
とろみを生かしたドレッシングもおいしい。
ドレッシングにはなじみやすい小粒のもの、
あえものには食べごたえが出る
大粒のものがおすすめです。

グリーンサラダ 納豆ドレッシング

材料（2人分）と作り方

1 サニーレタス2枚は一口大にちぎる。きゅうり1本は1cm厚さの小口切りにする。ミニトマト6個は半分に切る。合わせて器に盛る。

2 納豆ドレッシングを作る。しょうがのすりおろし1/2かけ分、白ワインビネガー大さじ1、はちみつ小さじ1/2、塩小さじ1/4、こしょう少々をよく混ぜ合わせ、納豆1パック、オリーブ油大さじ1の順に加えてさっくりと混ぜる。これを1にかける。

「
納豆ドレッシングは
いろいろな野菜と相性抜群!
冷蔵庫にあるものでアレンジしてみて
」

まぐろと納豆に、海藻ミックスの
コリッとした食感が心地いい

ポキ風まぐろ納豆サラダ

材料（2人分）

まぐろ（刺し身用／1.5cm 角に切る）… 100g
納豆 … 1パック
海藻ミックス（乾燥）… 15g
紫玉ねぎの薄切り … 1/2 個分
白ワインビネガー … 大さじ1
A しょうゆ … 大さじ1
　ごま油 … 小さじ2
　おろしわさび … 小さじ1

作り方

1 海藻ミックスは袋の表示通りに水でもどし、水けをしっかり絞る。

2 紫玉ねぎはボウルに入れ、そのまま 20 ～ 30 分おいて辛みを抜き、ワインビネガーを混ぜる。

3 2に納豆、まぐろの順に加えてあえ、Aを加えてさっくりとあえる。器に海藻ミックスを敷いて盛る。

えびに甘酸っぱい
納豆ソースがおいしい！
青唐辛子がアクセント

えびとトマトのサルサ風納豆サラダ

材料（2人分）

えび（無頭／殻つき）
… 200g

トマト（一口大に切る）
… 2個

香菜 … 1〜2株（20g）

納豆ソース

- 紫玉ねぎのみじん切り … 1/4個分
- 白ワインビネガー … 大さじ1
- はちみつ … 小さじ1
- 塩 … 小さじ1/3
- 納豆 … 1パック
- 青唐辛子（小口切り） … 2本

作り方

1 えびはあれば背ワタを除き、塩少々（分量外）を入れた熱湯で2分ほどゆで、粗熱をとって殻をむく。香菜は葉を少し摘んで取りおき、残りはみじん切りにする。

2 納豆ソースを作る。紫玉ねぎとワインビネガーを混ぜ、10分ほどおく。はちみつ、塩を加えてよく混ぜ、納豆、香菜のみじん切り、青唐辛子を加えてさっくりと混ぜる。

3 器にえびとトマトを盛り、2をかけ、香菜の葉を添える。

ドレッシングの隠し味は粒マスタードとおろし玉ねぎ。納豆が洋風に変身

納豆と粒マスタードの豆腐サラダ

材料（2人分）

木綿豆腐 … 1丁（300g）
ベビーリーフ … 1パック
貝割れ菜（半分に切る）
　… 1パック

納豆粒マスタードドレッシング
- 白ワインビネガー … 大さじ1
- 玉ねぎのすりおろし … 小さじ1
- 粒マスタード … 小さじ1
- 塩 … 小さじ1/3
- こしょう … 少々
- 納豆 … 1パック
- オリーブ油 … 大さじ1

作り方

1 豆腐はペーパータオルに包み10分ほどおいて水けをきり、2cm角に切る。

2 ドレッシングを作る。ワインビネガー、玉ねぎ、粒マスタード、塩、こしょうをよく混ぜ合わせ、納豆、オリーブ油の順に加えてさっくりと混ぜる。

3 器にベビーリーフを広げ、豆腐をのせ、2をかけて貝割れ菜を散らす。

ザーサイが味の決め手。
納豆がからみやすいように
豆腐は崩して

豆腐とトマトの中国風納豆サラダ

材料（2人分）

木綿豆腐 … 1丁（300g）
トマト（1cm 角に切る）
… 1個
細ねぎ（2cm 長さに切る）
… 4本

中国風納豆ドレッシング
酢 … 大さじ1
しょうゆ … 大さじ 1/2
砂糖 … 小さじ 1/2
味つきザーサイ（みじん切り）
… 40g
納豆 … 1パック
ごま油 … 小さじ1

作り方

1 豆腐はペーパータオルに包み 10 分ほどおいて水けをきる。

2 ドレッシングを作る。ボウルに酢、しょうゆ、砂糖、ザーサイを入れてよく混ぜ、納豆、ごま油の順に加えてさっくりと混ぜる。

3 2に豆腐を大きく崩しながら入れ、トマトと細ねぎも加えてあえる。

エスニック風にんじんサラダ

キャロットラペをエスニック風に。
納豆とナンプラーは相性ばっちり

材料（2人分）

にんじん … 1本
さやいんげん … 4本
香菜 … 1～2株（20g）
桜えび（乾燥）… 5g
ピーナッツ … 大さじ2
納豆 … 1パック
A
ナンプラー、レモン汁 … 各小さじ2
砂糖 … 小さじ1 1/2
豆板醬《トウバンジャン》 … 小さじ1/2
にんにくのみじん切り … 1/2かけ分

作り方

1 にんじんは長さを2～3等分にし、スライサーでせん切りにする。さやいんげんは熱湯でゆで、長さを2～3等分に切る。

2 香菜は葉を少し摘んで取りおき、残りはみじん切りにする。桜えびは粗く刻む。ピーナッツはからいりして粗く刻む。

3 ボウルにAを入れてよく混ぜ、納豆を加えて（写真a）さっくりと混ぜる（写真b）。香菜のみじん切り、1、桜えびを加えて軽くあえ、器に盛る。ピーナッツを散らし、香菜の葉を添える。

a 納豆の粘りが出ないよう、調味料をよく混ぜてから納豆を加える。

b 納豆はさっくりと混ぜると、ほどよいとろみのドレッシングになる。

ごまの香りがたまらない
韓国風サラダ。
納豆が辛みを抑えて
まろやかな味に

韓国風納豆サラダ

材料（2人分）

サニーレタス … 3枚
きゅうり … 1本
長ねぎ … 1/2本

韓国風納豆ドレッシング
- しょうゆ、酢 … 各大さじ1
- ごま油、白すりごま … 各大さじ1/2
- 粗びき赤唐辛子* … 小さじ1
- 砂糖 … 小さじ1/2
- にんにくのすりおろし … 1/2かけ分
- 納豆 … 1パック

*できれば辛みがマイルドな韓国産のものを。なければ一味唐辛子でも（量は控えめに）。

作り方

1 サニーレタスは一口大にちぎる。きゅうりは縦半分に切り、種を除き、斜め薄切りにする。長ねぎは縦半分にして、斜め薄切りにし、そのまま10～20分おいて空気にさらして辛みを抜く。

2 ドレッシングを作る。ボウルにしょうゆ、酢、ごま油、すりごま、粗びき赤唐辛子、砂糖、にんにくを入れてよく混ぜ、納豆を加えてさっくりと混ぜる。1を加えてざっとあえ、器に盛る。

ポン酢しょうゆベースで
さっぱりと食べられる、おかずサラダ

長いもと納豆の和風ホットサラダ

材料（2人分）

長いも … 10cm（300g）
しめじ … 1パック

A
- 塩 … 少々
- 酒 … 小さじ1

ポン酢納豆ドレッシング
- ポン酢しょうゆ … 大さじ3
- 納豆 … 1パック
- 青じそ（みじん切り）… 10枚
- えごま油（またはアマニ油、オリーブ油）… 小さじ2

しらす干し … 10g
白いりごま … 大さじ1

作り方

1 長いもは皮つきのまま1cm厚さの輪切りにする。しめじは小房に分ける。ともに耐熱ボウルに入れてAを加え、ラップをかけて電子レンジで4分加熱する。取り出して、そのまま2分おいて蒸らす。

2 ドレッシングを作る。ポン酢しょうゆに納豆と青じそを加えてさっくりと混ぜ、えごま油を加えてさっと混ぜる。

3 1の汁けをきって器に盛り、しらす、いりごまを散らし、2をかける。

アボカドと納豆は相性抜群!
のりの佃煮とわさびで和風の味に

アボカドと納豆ののり佃煮あえ

材料（2人分）

アボカド … 1個
長ねぎ … 4cm
納豆 … 1パック
レモン汁 … 小さじ2
A のりの佃煮 … 大さじ2
A おろしわさび … 小さじ1

作り方

1 アボカドは縦に1本切り込みを入れて半分に割り、種と皮を除く。1.5cm角に切り、レモン汁をからめておく。

2 長ねぎは縦半分に切って芯を除き、白い部分は縦にせん切りにし、水にさらす。芯はみじん切りにする。

3 ボウルにAを入れてよく混ぜ、納豆、1、みじん切りの長ねぎを加えてさっくりとあえる。器に盛り、水けをきったせん切りの長ねぎをのせる。

切り干し大根を使った
茨城の郷土料理
〝そぼろ納豆〟をアレンジ

切り干し大根と納豆の塩麹あえ

材料（2人分）

切り干し大根（乾燥）
…20g
納豆…2パック
A
塩麹…大さじ1
しょうがのすりおろし
…1/2かけ分

作り方

1 切り干し大根はもみ洗いをし、ひたひたの水に15分つけてもどす。水けを絞り、粗く刻む。

2 ボウルにAを入れてよく混ぜ、納豆を加えてさっくりと混ぜる。1を加えてあえ、器に盛る。

＊清潔な保存容器に入れ、冷蔵庫で保存すれば2〜3日楽しめる。

香りの強いにらも、
納豆と合わせるとマイルドに

にら納豆

材料（2人分）

にら … 1束
納豆 … 2パック
A しょうゆ … 大さじ1/2
　酢、ごま油 … 各小さじ1
白いりごま … 小さじ1

作り方

1 にらは熱湯でゆで、ざるに上げて冷まし、3cm長さに切る。

2 ボウルにAを入れてよく混ぜ合わせ、納豆を加えてさっくりと混ぜる。1を加えてあえ、器に盛っていりごまをふる。

きのこは甘辛く煮て
納豆とあえて。
うまみたっぷり同士の
組み合わせ

なめたけ風
きのこの納豆あえ

材料（2人分）

えのきたけ … 1袋
しめじ … 1/2 パック
生しいたけ … 2枚
納豆 … 2パック
A しょうゆ … 大さじ 1/2
　みりん、酒 … 各小さじ1
細ねぎ（小口切り）… 少々

作り方

1 えのきたけは長さを半分に切る。しめじはほぐす。しいたけは薄切りにする。

2 フライパンに1とAを入れ、ふたをして火にかけ、煮立ったら2分ほど煮る。煮汁がほぼなくなったら火を止めてふたをはずして冷ます。

3 2に納豆を加えてさっくりとあえ、器に盛り、細ねぎをのせる。

納豆が主役の体にいい献立③

・ツナマヨ納豆きゅうりサラダ
・チーズトースト
・ミルクティー

サラダとトーストの洋風献立は、簡単に食べたい昼ごはんに。
ツナマヨときゅうりのサラダに納豆を加えると、
うまみと粘りでおいしさに一体感が出ます。
チーズトーストはわかめも一緒に焼いて、食物繊維をプラス。

チーズトースト

材料（2人分）

食パン（胚芽入り／6枚切り）
… 2枚
わかめ（もどして）… 40g
ピザ用チーズ … 30g

作り方

わかめは食べやすく切り、等分に食パンにのせる。ピザ用チーズを等分に散らし、オーブントースターでチーズがとろりと溶けるまで焼く。

ミルクティー

材料（2人分）と作り方

好みの紅茶を濃いめにいれたもの150mlと温めた牛乳150mlを合わせ、カップに等分に注ぐ。

ツナマヨ納豆
きゅうりサラダ

材料（2人分）

ツナ缶（オイル漬け）… 小1缶
きゅうり … 1本
納豆 … 2パック
A 玉ねぎの薄切り … 1/4個分
A 白ワインビネガー … 小さじ1
B マヨネーズ … 大さじ2
B しょうゆ … 大さじ1/2
塩、粗びき黒こしょう … 各少々
クレソン（葉を摘む）… 4本

作り方

1 ツナは缶汁を軽くきる。きゅうりは包丁の刃元を使って先端から一口大に割る。

2 ボウルにAを入れて混ぜ、10分ほどおく。Bを加えてよく混ぜる。納豆を加えてさっくりと混ぜ、1、塩を加えて軽くあえる。器に盛り、粗びき黒こしょうをふってクレソンを添える。

3章
納豆でボリュームおかず

納豆は肉や魚、卵などと相性がよく、
ボリュームおかずにもなります。
ハンバーグやコロッケなど
おなじみの味に合わせたり、
具だくさんの汁ものにしたり、
使い方はいろいろ。
どれも納豆のうまみで
おいしさがアップし、
納豆を楽しむ料理の
幅がぐんと広がります。

納豆入り豆腐ハンバーグ

納豆をたっぷり混ぜ込んだハンバーグは、ふわふわ、とろとろの口当たり。おろしポン酢の和風味がぴったり。
(作り方は p.54)

「納豆はさっと火を通すだけで、
やわらかくなります。
そのまま食べるときとは違う、
やさしい口当たりに」

納豆入り豆腐ハンバーグ

納豆はつぶすと
肉だねと混ぜやすくなり、
焼いてもにおいが
出にくくなる

材料（2人分）

鶏ひき肉 … 150g
木綿豆腐 … 2/3 丁（200g）
納豆 … 1パック
A
玉ねぎのみじん切り … 1/4 個分
塩、こしょう … 各少々
片栗粉 … 大さじ1
サラダ油 … 大さじ1/2
大根（すりおろす）… 5cm
B
ポン酢しょうゆ … 大さじ3
柚子こしょう … 小さじ1/2
貝割れ菜（3等分に切る）
… 1/3 パック

作り方

1 豆腐はペーパータオルに包んで水きりをする。ポリ袋に納豆を入れ、めん棒でつぶす（写真 a）。

2 ボウルにひき肉、豆腐を入れて練り混ぜる。A、つぶした納豆の順に加えて練り（写真 b）、2等分し、小判形に形を整える。

3 フライパンにサラダ油を熱し、2を並べ入れてふたをして6分焼き、返して6分焼く。

4 大根おろしの水けを軽くきり、Bを混ぜる。

5 器に3を盛り、4、貝割れ菜をのせる。

a 納豆はひき肉と混ぜやすいように、粒がなくなり、なめらかになるまでつぶす。

b 納豆を加えたら、ねばねばがつかないように手をポリ袋に入れて混ぜる。

鶏塩から揚げの納豆おろしソース

大根おろし入りの
ねっとり納豆ソースが、
カリカリのから揚げに
からんでやみつきに

材料（2人分）

鶏もも肉 … 1枚

A
- 酒 … 大さじ1
- 練り辛子 … 大さじ1
- 塩 … 小さじ1/4

片栗粉 … 適量

揚げ油 … 適量

納豆おろしソース
- レモン汁 … 大さじ2
- ごま油 … 小さじ1/2
- 塩 … 小さじ1/3
- 納豆 … 1パック
- 大根（すりおろす）… 5cm
- 細ねぎ（小口切り）… 2本

作り方

1 鶏肉は大きめの一口大に切り、Aをもみ込んで10分ほどおく。

2 1の汁けを軽くきって片栗粉をまぶし、170℃の揚げ油に入れ、4〜5分かけてこんがりと揚げる。

3 納豆おろしソースを作る。ボウルにレモン汁、ごま油、塩を入れてよく混ぜ、納豆を加え（写真a）、さっくりと混ぜる。水けをきった大根おろし（写真b）、細ねぎの順に加えて混ぜる。

4 器に2を盛り、3をかける。

a レモン汁、ごま油、塩を、よく混ぜてから納豆を加えて味をからめる。

b 水っぽくならないように、大根おろしは水けをよくきること。

里いも納豆コロッケ

納豆が入って
さらにねっとり。
かみしめると、
衣の中から
うまみがジュワッー！

材料（6個分／2人分）

里いも … 3〜4個（250g）
納豆 … 2パック

A
- しょうゆ … 大さじ1/2
- 砂糖 … 小さじ1
- 削りがつお … 1パック（3g）
- 長ねぎの小口切り … 5cm分

小麦粉 … 適量

B
- 溶き卵 … 1/2個分
- 牛乳 … 大さじ1
- 小麦粉 … 大さじ3

削りがつお … 適量
揚げ油 … 適量

作り方

1 里いもはよく洗い、皮つきのまま耐熱皿に並べ、ラップをかけて電子レンジで5分加熱する。取り出してそのまま2分おいて蒸らす。

2 ポリ袋に納豆を入れ、めん棒でつぶす。ボウルに入れ、Aを加えてさっくりと混ぜる。

3 1の里いもの皮をむき、温かいうちにつぶし、2を加える（写真a）。よく混ぜ（写真b）、6等分し、手に水をつけ、転がして丸める（写真c）。

4 3に小麦粉を薄くまぶし、混ぜたB、削りがつおの順に衣をつける。180℃の揚げ油に入れ、2分ほど揚げる。

a つぶした納豆に削りがつおや調味料で味をつけてから里いもに加える。

b 混ぜにくいが、里いもと納豆をできるだけまんべんなく混ぜる。

c 手に水をつけ、中の空気を抜くように手の中で転がして形を作る。

納豆チーズ焼きギョウザ

肉なしでも納豆と
チーズで満足感あり！
青じそ、しょうがの香りで
深い味わいに

材料（10個分／2人分）

ギョウザの皮 … 10枚
納豆 … 2パック
しょうゆ … 小さじ1/2
A
- プロセスチーズ（粗みじん切り）… 40g
- 青じそ（みじん切り）… 5枚
- しょうがのみじん切り … 1かけ分

サラダ油 … 小さじ2

作り方

1 ボウルに納豆を入れ、しょうゆを加えてしっかり混ぜる（写真a）。Aを加えてさらによく混ぜ（写真b）、ざっと10等分する。

2 ギョウザの皮の中央に1をのせ、皮の縁に水をつけ、ひだを寄せながら包む。残りも同様にして包む。

3 フライパンにサラダ油小さじ1を熱し、2を並べる。薄く焼き色がついたら水1カップをフライパンの縁から注ぎ、ふたをして7〜8分蒸し焼きにする。ピチピチという音がしてきたらふたを外し、サラダ油小さじ1を回し入れ、強めの中火にしてこんがりと焼き色をつけ、器に盛る。好みでしょうゆと練り辛子（分量外）をつけて食べる。

a 納豆は粘りが出るまでしっかり混ぜて具材のまとめ役にする。

b 納豆の粘りでチーズをまとめるようによく混ぜる。

なすたっぷり麻婆納豆

麻婆味にも納豆はぴったり。
揚げ焼きにした
やわらかいなすと
納豆が絶妙の組み合わせ

材料（2人分）

なす … 3本
豚ひき肉 … 100g
納豆 … 1パック
A ｜しょうゆ … 大さじ1/2
　｜砂糖 … 小さじ1/2
豆板醤《トウバンジャン》 … 大さじ1/2
みそ … 大さじ1
B ｜長ねぎのみじん切り … 1/2 本分
　｜にんにく、しょうがのみじん切り
　｜… 各1かけ分
サラダ油 … 適量

作り方

1 ひき肉に酒大さじ2（分量外）をふりかけ、菜箸でしっかりと混ぜる。ボウルにAを入れて混ぜ、納豆を加えてさっくりと混ぜる（写真 a）。

2 なすは大きめの乱切りにする。フライパンにサラダ油を2cm 深さまで入れ、180℃に熱し、なすを入れて切り口に薄く色がつくまで揚げ焼きにする。ペーパータオルの上に取り出し、上にもペーパータオルをかけ、軽く押して油を吸わせる。

3 2のフライパンの油をあけてきれいにして、サラダ油大さじ 1/2 を熱し、1のひき肉を炒める。ほぐれたら豆板醤、みその順に加えて炒め、さらにBも加えて炒める。香りが立ったら2を戻し、1の納豆も加えて（写真 b）手早く炒め合わせる。器に盛り、好みで粉山椒少々（分量外）をふる。

a 納豆にしょうゆと砂糖で味をつけておくと、なすとなじみやすくなる。

b 納豆は最後に加え、水溶き片栗粉の代わりに納豆の粘りで全体をまとめる。

納豆と豚肉の落とし揚げ

紅しょうががピリッときいた肉天風。
納豆をよ～く混ぜて豚肉と粉類のつなぎに

材料（2人分）

豚肉（切り落とし）… 100g
納豆 … 2パック
A 酒 … 大さじ1
A しょうゆ … 小さじ1
溶き卵 … 1/2個分
紅しょうが（粗く刻む）… 15g
青のり粉 … 大さじ1/2
B 小麦粉 … 大さじ3
B 片栗粉 … 大さじ2
サラダ油 … 適量

作り方

1 豚肉は3cm長さの細切りにし、ボウルに入れてAを加え、もみ込む。

2 納豆はさっと混ぜ、溶き卵を加え、フワフワになるまでよく混ぜる（写真a）。1、紅しょうが、青のり粉を混ぜる。

3 Bを合わせてふるい入れ、粉っぽさがなくなるまでしっかり混ぜる（写真b）。

4 フライパンにサラダ油を1cm深さまで入れて170℃に熱し、3をスプーンですくって落とし、全体がカリッとするまで返しながら3～4分揚げ焼きにする。

a 溶き卵を加えたら、つなぎになるように白っぽくフワフワになるまで混ぜる。

b 粉類をふるい入れたら、粉が見えなくなるまでしっかり混ぜる。

フライパンで焼いた卵と、バターで炒めたきのこ、納豆、チーズのうまみが渾然一体に

納豆きのこ オープンオムレツ

材料（2人分）

卵 … 3個
納豆 … 2パック
玉ねぎのみじん切り
… 1/4 個分
マッシュルーム（縦半分に切る）
… 1パック
しめじ（小房に分ける）
… 1パック
A 牛乳 … 大さじ3
　塩、こしょう … 各少々
しょうゆ … 小さじ1
粉チーズ … 大さじ1
パセリ（みじん切り）… 少々
バター … 10g
オリーブ油 … 大さじ1

作り方

1 卵は溶きほぐし、Aを加えて混ぜる。納豆にしょうゆを加えてさっくりと混ぜる。

2 フライパン（直径 20cm）を火にかけてバターを溶かし、玉ねぎを透き通ってくるまで炒める。マッシュルーム、しめじも加え、きのこのよい香りが立ったら、塩、こしょう各少々（分量外）をふって取り出す。

3 フライパンをきれいにしてオリーブ油を熱し、1の卵液を流し、大きく混ぜて焼く。半熟になったら2と1の納豆を散らし、粉チーズをふり、ふたをして弱火で2～3分焼く。器に盛り、パセリを散らす。

卵焼きの中で納豆の粒がふんわり
やわらかくなり、甘みが出る

納豆とねぎのだし巻き卵

材料（2人分）

卵 … 3個
納豆 … 1パック
細ねぎ（小口切り）… 2本
A
- だし汁 … 大さじ3
- しょうゆ … 少々
- 塩 … 小さじ1/5

サラダ油 … 適量

作り方

1 ボウルにAを入れてよく混ぜ、納豆、細ねぎを加えてさっくりと混ぜる。さらに卵を割り入れて、泡立てないように混ぜる。

2 卵焼き器を熱し、サラダ油を薄く塗り、1の卵液の1/4量を流し入れて全体に広げる。上面が乾いてきたら、奥から手前に巻く。卵焼きを奥に寄せ、卵焼き器にサラダ油を薄く塗り、あとは同様にして残りの卵液を焼く。

3 焼き上がったら食べやすく切って器に盛る。

いわしのおなかに詰めて
こんがり焼いた明太納豆が、
いわしの脂と絶妙にマッチ

いわしの明太納豆詰め焼き

材料（2人分）

いわし … 2尾
納豆（できれば小粒）
… 1パック
A
辛子明太子（薄皮を除く）
… 1/2腹（40g）
酒 … 小さじ1

作り方

1 いわしは頭を切り落とし、腹側を肛門まで切り開き、包丁の先でワタをかき出してよく洗う。水けをふいて、塩小さじ1/3（分量外）をふり、20分以上おいて再度水けをふく。

2 Aをよく混ぜ、納豆を加えてとろとろになるまでしっかり混ぜる。

3 いわしの腹に2を等分に詰める。熱した魚焼きグリルに並べ、全体にこんがりとした焼き目がつくまで弱めの中火で10～12分焼く。

さんまに塗った納豆入り
ごまみそが深い味わいに。
ごぼうの香りがアクセント

さんまの納豆ごぼう巻き焼き

材料（2〜3人分）

さんま（三枚におろす）
… 2尾

ごぼう … 1/3 本

納豆 … 1パック

A しょうゆ、酒、みりん、しょうが汁 … 各小さじ1

B だし汁 … 1/3 カップ
塩 … 少々

C みそ、白すりごま … 各小さじ1

作り方

1 さんまは長さを半分に切り、合わせたAにつけて 10 分以上おく。

2 ごぼうは5cm 長さの細切りにし、耐熱ボウルに入れてBを加え、ラップをかけて電子レンジで3分加熱する。取り出して冷ます。

3 ポリ袋に納豆とCを入れ、めん棒で納豆をつぶしながら混ぜる。

4 さんまは皮目を下にして、縦長に置き、3を等分に塗る。手前に汁けをきったごぼうを等分にのせ、手前から巻いて、巻き終わりを楊枝で留める。天板に並べ、220℃に予熱したオーブンで 15 分焼く。

納豆が味だしになって
満足感ある一品に。
納豆とシャキシャキ青菜の
食感が新鮮

納豆小松菜炒め

材料（2人分）

小松菜 … 200g
にんにく … 1かけ
納豆 … 1パック
A ナンプラー … 小さじ2
A 砂糖、酒 … 各小さじ1/2
サラダ油 … 大さじ1/2

作り方

1 小松菜は5～6cm長さに切る。にんにくはつぶす。

2 ボウルにAを入れてよく混ぜ、納豆を加えてさっくりと混ぜる。

3 フライパンにサラダ油を熱し、にんにくを炒める。香りが立ったら1の小松菜を炒め、しんなりしたら2を加えて手早く炒め合わせる。

沖縄の炒めものをアレンジ。
味つき納豆がにんじんの
甘みを引き立てる

にんじん納豆しりしり

材料（2～3人分）

にんじん … 2本
納豆 … 1パック
削りがつお（花がつお）
　… ひとつかみ
A
- しょうゆ、酒 … 各小さじ1/2
- 砂糖、塩 … 各小さじ1/4

サラダ油 … 大さじ1/2

作り方

1 にんじんは、スライサー（チーズおろしなど目の粗めのもの）で5～6cm長さの細切りにする。

2 ボウルにAを入れてよく混ぜ、納豆を加えてさっくりと混ぜる。削りがつおの1/4量はそのまま残し、残りはもんで細かくする。

3 フライパンにサラダ油を熱し、にんじんを炒める。しんなりしてやわらかくなったら、細かくした削りがつおと2の納豆を加えて手早く炒め合わせる。器に盛り、残した削りがつおをのせる。

しいたけを煮て納豆を混ぜ、
この汁でとろろをのばして。
超トロトロ食感がたまらない

納豆とろろ汁

材料（2人分）

生しいたけ（薄切り）… 4個
納豆 … 2パック
大和いも … 100g
だし汁 … 1カップ
A しょうゆ、みりん … 各小さじ1
　塩 … 小さじ1/3
青のり粉 … 少々

作り方

1 鍋にだし汁と生しいたけを入れて火にかけ、煮立ったらAを加える。ひと煮立ちさせて火を止め、冷ます。納豆を加えて混ぜる。

2 大和いもはボウルにすりおろす。1を少しずつ加え、そのつど泡立て器でよく混ぜる。すべて混ぜたら器に盛り、青のり粉をふる。

納豆汁を手軽にアレンジ。
納豆はつぶして加えると、
根菜にからんで食べやすい

具だくさん 納豆みそ汁

材料（2人分）

納豆 … 1パック
豚バラ薄切り肉 … 100g
大根（5mm 厚さのいちょう切り）… 3cm
にんじん（5mm 厚さの半月切り）… 1/3 本
ごぼう（斜め薄切り）… 1/3 本
だし汁 … 3カップ
みそ … 大さじ1 1/2
細ねぎ（小口切り）… 少々

作り方

1 ポリ袋に納豆を入れ、めん棒でつぶす。豚肉は3cm 長さに切る。

2 鍋にだし汁と豚肉、大根、にんじん、ごぼうを入れて火にかけ、豚肉をほぐす。煮立ったらアクをすくい、ふたをして弱火で野菜がやわらかくなるまで 10 ～ 15 分煮る。

3 みそを溶き入れ、1の納豆を加え、煮立つ直前に火を止める。器に盛り、細ねぎをのせる。

肉だねはポリ袋仕上げで手間なし。
ワンタンからトロトロの
肉汁があふれる!

納豆入りワンタンスープ

材料（2人分）

納豆 … 1パック
豚ひき肉 … 50g
A しょうゆ、酒、しょうが汁 … 各小さじ1
ワンタンの皮 … 16枚
生しいたけ（薄切り）… 2個
にんじん（短冊切り）… 1/4本
B 水 … 2カップ
　鶏ガラスープの素（顆粒）… 小さじ1
C 酒 … 大さじ1/2
　塩 … 小さじ1/3
細ねぎ（1cm長さに切る）… 2本

作り方

1 ポリ袋に納豆を入れてめん棒でつぶし、ひき肉とAを順に加え、その都度袋の上からもんでよく混ぜる。

2 1のポリ袋の角を少し切り、肉だねをワンタンの皮に等分に絞り出す。皮の縁に水をつけ、三角形に半分に折り、さらに底辺の角に水をつけて手前で合わせて留める。同様にして16個のワンタンを作る。

3 鍋にB、生しいたけ、にんじんを入れて火にかけ、煮立ってから2〜3分煮る。Cで味を調え、2を加えて2分ほど煮る。器に盛り、細ねぎを散らす。

キムチと納豆の相性のよさを実感。
辛みにうまみがプラスされて
食欲を刺激！

キムチ納豆チゲ

材料（2人分）

納豆 … 1パック
豚バラ薄切り肉… 100g
白菜キムチ（2cm 長さに切る）
… 100g
えのきたけ（長さを半分に切る）
… 1袋
だし汁*… 3カップ
みそ … 大さじ1/2
ごま油 … 大さじ1/2
にら（小口切り）… 2本

*できれば煮干しでとったもの。

作り方

1 ポリ袋に納豆を入れ、めん棒でつぶす。豚肉は2cm 長さに切る。

2 鍋にごま油を熱し、豚肉を炒める。肉の色が変わったら白菜キムチを加えて炒め、だし汁、えのきたけを加える。煮立ったらアクをすくい、5分ほど煮る。

3 ボウルに1の納豆、みそを入れ、2の煮汁適量で溶きのばして鍋に戻し、煮立つ直前に火を止める。器に盛り、にらをのせる。

納豆が主役の体にいい献立 ④

・ゴーヤ納豆チャンプルー
・トマトとわかめの酢のもの
・麦ごはん

具だくさんの炒めものを主菜にした献立は、晩ごはんに。
納豆は、ゴーヤと豆腐に見事にマッチし、ゴーヤの苦みがやわらぎます。
酢のものは主菜に足りない海藻ときのこを補い、
さっぱりとして口直しになります。

トマトとわかめの酢のもの

材料（2人分）

トマト … 1個
わかめ（もどして）… 60g
しめじ … 1/2 パック
A
- 酒 … 大さじ1
- 塩 … 小さじ1/4

B
- 酢 … 大さじ1
- 砂糖 … 小さじ1
- しょうゆ … 小さじ1/2

白いりごま … 小さじ1

作り方

1 トマトは一口大の乱切りにし、わかめは一口大に切る。しめじは小房に分ける。

2 耐熱ボウルにしめじとAを入れ、ラップをかけて電子レンジで1分加熱する。取り出して冷まし、Bとトマト、わかめを順に加えてあえる。器に盛り、いりごまを散らす。

麦ごはん

米に好みの量の押し麦を混ぜて炊いたもの。

ゴーヤ納豆チャンプルー

材料（2人分）

ゴーヤ … 1本
木綿豆腐 … 1/2 丁（150g）
卵 … 1個
削りがつお（花かつお）… ひとつかみ
納豆 … 1パック
A
- しょうゆ、砂糖 … 各小さじ1
- 塩 … 小さじ1/3

ごま油、サラダ油 … 各小さじ1

作り方

1 ゴーヤは縦半分に切り、種とワタを除き、薄切りにし、塩小さじ1/2（分量外）をふる。水けが出るまでおき、水洗いして水けを絞る。

2 豆腐はペーパータオルに包み、重石をのせてしっかり水きりをする。卵は溶きほぐす。削りがつおの3/4量はそのまま残し、残りはもんで細かくする。

3 ボウルにAを入れてよく混ぜ、納豆を加えてさっくりと混ぜる。

4 フライパンにごま油を熱し、豆腐をちぎりながら入れ、全体に薄い焼き色がつくまで焼いて取り出す。

5 フライパンにサラダ油を加え、1を炒める。熱々になったら4を戻し、細かくした削りがつおを加えて炒め、溶き卵を回し入れて炒める。3を加えて手早く炒め合わせ、器に盛って残しておいた削りがつおをのせる。

納豆が主役の体にいい献立 ⑤

・納豆チーズオムレツ
・アボカドヨーグルトスープ
・ガーリックトースト

オムレツをメインにした献立は、休日のブランチや軽く食べたい晩ごはんに。
納豆、卵、チーズは間違いなくおいしい組み合わせです。
さわやかなヨーグルトのスープに、
にんにくをガツンときかせたガーリックトーストで味わいにメリハリを。

アボカドヨーグルトスープ

材料（2人分）

アボカド … 1/2個
プレーンヨーグルト … 1 1/2カップ
塩 … 小さじ1/5
粗びき黒こしょう、オリーブ油
　… 各少々

作り方

1 アボカドは種と皮を除き、ミキサーに入れ、ヨーグルト、塩を加えてなめらかになるまで攪拌する。

2 1を耐熱のカップに等分に移し、ラップをかけて電子レンジで2分加熱する。ラップを外し、粗びき黒こしょうをふり、オリーブ油をかける。

ガーリックトースト

材料（2人分）

バゲット … 3cm厚さのものを2枚
A
　バター（室温にもどす）… 10g
　マヨネーズ … 大さじ1/2
　にんにくのみじん切り
　　… 1/3かけ分
　粗びき赤唐辛子 … 小さじ1/3
　パセリ（みじん切り）… 小さじ1
　塩 … 少々

作り方

Aをよく混ぜ合わせてバゲットに塗り、オーブントースターでカリッとするまで焼く。

納豆チーズオムレツ

材料（2人分）

納豆 … 2パック
卵 … 3個
ピザ用チーズ … 40g
細ねぎ（小口切り）… 4本
A
　牛乳 … 大さじ3
　塩、こしょう … 各少々
バター … 10g
ブロッコリー（ゆでる）… 4房
ミニトマト … 6個

作り方

1 耐熱容器に納豆を入れてしょうゆ小さじ1（分量外）を混ぜ、ラップをかけずに電子レンジで40秒加熱する。

2 ボウルに卵を割りほぐし、Aを混ぜる。

3 オムレツは1個ずつ焼く。フライパン（直径20cm）を火にかけてバターの半量を溶かし、2の半量を流し入れ、大きく混ぜて焼く。半熟になったらピザ用チーズ、1、細ねぎの半量をのせてオムレツ状にし、器に盛る。同様にもう1個も焼く。

4 オムレツにブロッコリーとミニトマトを添える。

納豆が主役の体にいい献立 ⑥

・けんちん納豆汁
・酒粕みそ豚肉巻き
・ごはん

根菜たっぷりで、納豆のうまみをきかせた汁ものはほっとするおいしさ。晩ごはんに食べたくなります。もう一品は、良質たんぱく質の豚肉に発酵食品の酒粕を合わせ、香ばしく焼きます。発酵パワーをいただく献立です。

酒粕みそ豚肉巻き

材料（2人分）

豚ロース薄切り肉 … 12 枚
ピーマン … 2個
赤ピーマン … 1個
A
みそ … 大さじ1
酒粕、白すりごま … 各小さじ2
マヨネーズ … 小さじ1
小麦粉、サラダ油 … 各適量

作り方

1 豚肉は2枚一組にし、端を少し重ねて縦長に置く。よく混ぜたAを等分に塗り、手前からクルクルと巻く。焼く直前に小麦粉を薄くまぶす。

2 ピーマン、赤ピーマンは、縦半分に切り、横に細切りにする。

3 フライパンにサラダ油小さじ1を熱し、2を炒めて塩少々（分量外）をふって取り出す。サラダ油大さじ1/2を足して熱し、1を入れてときどき返しながら4～5分焼いて火を通す。食べやすく切って器に盛り、ピーマンを添える。

けんちん納豆汁

材料（2人分）

納豆 … 1パック
木綿豆腐 … 1/3 丁（100g）
こんにゃく … 100g
大根（薄いいちょう切り）… 3cm
にんじん（薄い半月切り）… 1/4 本
ごぼう（斜め薄切り）… 1/4 本
生しいたけ（薄切り）… 2個
A
しょうゆ、酒、みりん
… 各大さじ1
だし汁 … 3カップ
塩 … 小さじ 1/2
ごま油 … 大さじ1
長ねぎの小口切り … 少々

作り方

1 豆腐はペーパータオルに包み、重石をのせてしっかり水きりをする。こんにゃくは一口大にちぎり、下ゆでする。

2 ポリ袋に納豆を入れ、めん棒でつぶし、容器に移してAを混ぜる。

3 鍋にごま油を熱して1の豆腐を入れ、崩しながら焼き色がつくまで炒め、野菜とこんにゃく、生しいたけ、だし汁を加える。煮立ったらアクをすくい、ふたをして弱火で 15 分煮て塩を加える。2に煮汁適量を加えて溶きのばし、鍋に戻してひと煮する。器に盛り、長ねぎをのせる。

4章 納豆でおつまみ

納豆にいろいろな食材を組み合わせ、
楽しいつまみに。
わたしは、日本酒やビールと
合わせています。
刺し身や魚卵などをのせたものは
さっと作れるけれど
味は本格的な、すぐれもの。
香ばしく焼いたものも、
お酒にぴったりです。

納豆ひき肉炒め　レタス包み

材料（2人分）と作り方

1 しょうゆ大さじ1と砂糖小さじ1をよく混ぜて納豆2パックを加え、さっくりと混ぜる。

2 豚ひき肉150gに酒大さじ1をふり、菜箸でしっかりと混ぜる。

3 フライパンにサラダ油大さじ1/2を熱し、赤唐辛子の小口切り1本分、長ねぎのみじん切り1/2本分、しょうがとにんにくのみじん切り各1かけ分を炒める。香りが立ったら2を加えて、パラパラになるまで炒める。肉に火が通ったら1を加えて手早く炒め合わせる。器に盛り、食べやすく切ったレタス150gを添える。

「
やわらかい納豆と
シャキシャキレタス。
食感の楽しいつまみは、
お酒が進みます
」

魚介で
手間いらずで
お酒との
相性もばっちり

テッパンの
組み合わせ！

山かけ納豆

材料（2人分）と作り方

納豆2パックにしょうゆ小さじ2を加えてさっくりと混ぜる。大和いも150gはすりおろす。まぐろの刺し身100gは1.5cm角に切る。器に盛り、おろしわさび適量をのせる。

キリリとした
塩レモン味で

いか納豆

材料（2人分）と作り方

だし汁大さじ1と塩小さじ1/3を混ぜ、納豆2パックを加えてさっくりと混ぜる。いかの刺し身100gは細切りにする（いかそうめん用でも）。器に青じそ2枚を敷き、納豆といかを盛り、レモンの輪切り1枚を4等分に切って添える。

大根おろしを混ぜて
さっぱりと

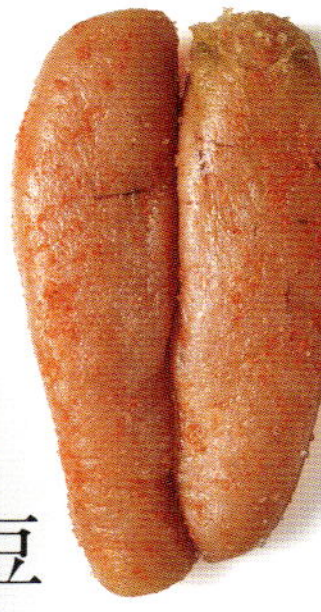

明太子納豆

材料（2人分）と作り方

辛子明太子1/2腹（40g）は薄皮を除く。大根3cmはすりおろし、水けをきって酢小さじ1を混ぜる。器に納豆2パックとともに盛り、細ねぎの小口切り少々をのせる。

常備品で

冷蔵庫にある
素材を合わせて
ささっと作れる

ちくわのうまみが、
味だしに!

ちくわ納豆

材料（2人分）と作り方

ちくわ1本は薄い輪切りにする。貝割れ菜1/3 パックは3等分に切る。おろしわさび、しょうゆ各小さじ1をよく混ぜ、納豆2パックとちくわ、貝割れ菜を加えてあえ、器に盛る。おろしわさび少々を添える。

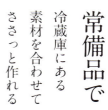

パンチのある
発酵食品同士の
組み合わせ

チャンジャ
クリームチーズ納豆

材料（2人分）と作り方

納豆1パック、チャンジャ大さじ2、ちぎったクリームチーズ40g、おろしにんにく少々を混ぜる。器に青じそ1枚を敷いて盛る。

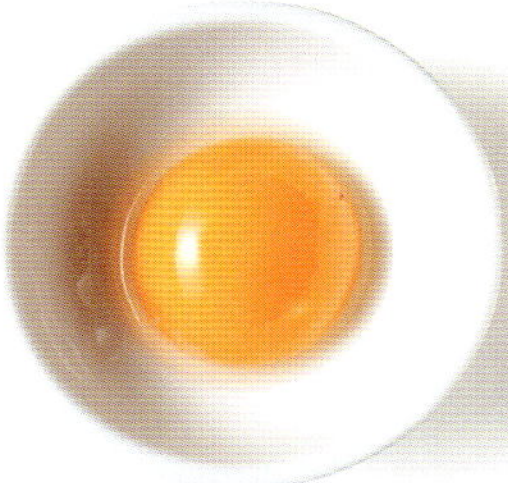

薬味をたっぷりにすると
おつまみ感アップ

月見納豆

材料（2人分）と作り方

しょうゆ大さじ1/2、砂糖小さじ1/3をよく混ぜ、納豆2パックも加えてさっくりと混ぜる。器に盛り、削りがつお（糸削り）2g、わけぎの小口切り2本分をのせ、中央を少しへこませて卵黄1個をのせる。

だしがきいた
大きなたこ焼きのよう。
とろろも入ってふわふわ、
とろりが味わえる

ふわふわたこ入り納豆お焼き

材料（直径 20cm 2枚分）

納豆 … 2パック
ゆでだこの足 … 50g
大和いも … 150g
卵 … 2個
A しょうゆ … 小さじ1
A 塩 … 小さじ1/2
だし汁 … 大さじ4
刻みのり … 適量
サラダ油 … 小さじ2

作り方

1 Aをよく混ぜ、納豆を加えてさっくりと混ぜる。ゆでだこの足はできるだけ細かく切る。

2 大和いもはボウルにすりおろし、卵、だし汁の順に少しずつ加えてよく混ぜる。1の納豆、ゆでだこも加えて混ぜ合わせる。

3 フライパン（直径 20cm）にサラダ油小さじ1を熱し、2の半量を流し入れ、ふたをして3分焼く。刻みのりを散らして返し、さらに3分焼く。もう1枚も同様に焼き、食べやすく切って器に盛る。

カリッとしたきゅうりの歯ごたえがアクセント。ビールと合わせてどうぞ

納豆春巻き

材料（6本分）

春巻きの皮 … 6枚
納豆 … 2パック
ハム … 3枚
プロセスチーズ … 60g
きゅうり … 1/2本
A 小麦粉 … 大さじ1
　水 … 大さじ1
揚げ油 … 適量

作り方

1 納豆にしょうゆ小さじ1/2（分量外）をさっくりと混ぜる。ハムは半分に切る。チーズは12等分の棒状に切る。きゅうりは皮を薄くむき、縦半分に切って種を除き、長さを半分に切って、さらに縦3等分に切る。

2 春巻きの皮は角が左右になるように置き、手前にハム、チーズ、きゅうり、納豆の順に等分にのせる。奥の2辺に混ぜたAを塗り、手前、両側と折って巻き、巻き終わりを留める。同様にして6本作る。

3 フライパンに揚げ油を2cm深さに入れ、170℃に熱して2を入れ、カラリとするまで4～5分揚げる。

納豆チキンナゲット

外はカリッと、
中は納豆入りで
ふわとろの食感。
鶏胸肉をたたいて
作るのがポイント

材料（2人分）

鶏胸肉（皮なし）… 小1枚
納豆 … 1パック
A
- 塩 … 小さじ1/4
- しょうが汁 … 小さじ1

B
- 小麦粉 … 大さじ4
- 水 … 大さじ3
- カレー粉、しょうゆ … 各小さじ1/2

小麦粉 … 適量
揚げ油 … 適量

作り方

1 鶏肉は細切りにしてからみじん切りにし、さらに包丁でたたく（写真 a）。

2 ポリ袋に納豆を入れてめん棒でつぶし、Aを加えて軽く混ぜる。1を加え（写真 b）、袋の上からもみ込むようによく混ぜる（写真 c）。

3 Bを合わせてよく混ぜる。

4 2を8等分して小麦粉をまぶしながらナゲット形に整え、3をつける。

5 フライパンに揚げ油を2cm 深さまで入れて 170℃に熱し、4をカラリとするまで2～3分揚げる。

a 鶏肉はひき肉より胸肉をたたいたほうが、肉感が出てジューシーに。

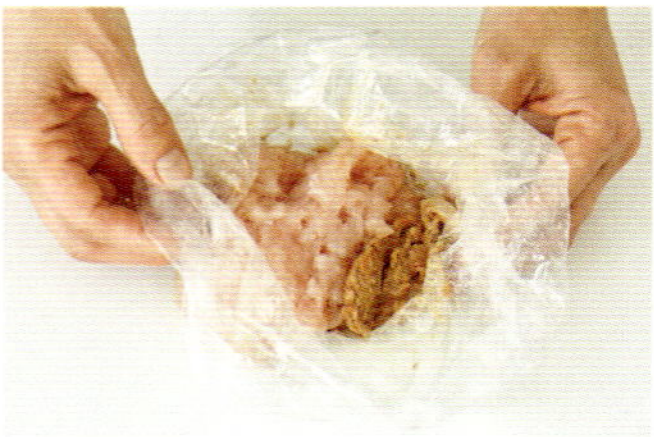

b ポリ袋の中で生地を作るから、手が汚れない。

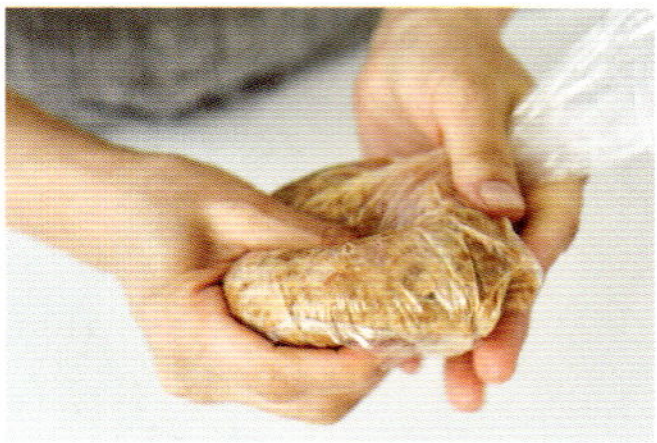

c 納豆と鶏肉が均一になるまで、よく混ぜ合わせる。

こんがり焼けた
青じその香りで
納豆が風味よく。
日本酒のあてに最高です

納豆しそ巻き焼き

材料（2人分）

納豆 … 2パック
青じそ … 8枚
A しょうゆ … 大さじ1/2
A しょうがのすりおろし … 1かけ分
片栗粉 … 大さじ2
サラダ油 … 大さじ2

作り方

1 ボウルに納豆を入れて混ぜ、Aを加えてよく混ぜる。片栗粉を加えてさらによく混ぜる。

2 青じそを並べ、1を等分にのせ、半分に折る。

3 フライパンにサラダ油を熱し、2を並べ入れて両面がこんがりするまで2分ずつ焼く。

卵たっぷりの生地の中に、
やわらかな納豆入り。
わけぎの甘みと粉チーズがマッチ

納豆ねぎ焼き

材料（直径 20cm 1枚分）

卵 … 1個
納豆 … 2パック
わけぎ（薄い小口切り）
… 2本
粉チーズ … 大さじ2
A
だし汁（または水）
… 大さじ2
小麦粉 … 大さじ3
塩、砂糖 … 各少々
サラダ油 … 小さじ1
B
しょうゆ、中濃ソース
… 各小さじ1

作り方

1 ボウルに卵を溶きほぐし、Aを順に加えてよく混ぜる。納豆を加え、さらによく混ぜる。

2 フライパン（直径 20cm）にサラダ油を熱し、1を流し入れ、わけぎと粉チーズを全体に散らして焼く。上面が固まったら返し、こんがりとした焼き色がついたら、返して取り出す。食べやすく切って器に盛り、混ぜたBをかけて食べる。

油揚げを生地の代わりにし、
納豆をのせてピザ風に。
ピーマンの香りが決め手

油揚げの納豆ピザ

材料（2人分）

油揚げ … 1枚
納豆 … 2パック
玉ねぎのみじん切り
… 1/6 個分
ピーマン（薄い輪切り）… 1/2 個
ピザ用チーズ … 30g
A トマトケチャップ … 小さじ2
塩、こしょう … 各少々

作り方

1 Aを混ぜ、納豆と玉ねぎを加えてさっくりと混ぜる。

2 油揚げは正方形になるように、長い1辺を残し、3辺の厚みに包丁の刃先で切り込みを入れて開く。オーブントースターの天板にオーブンシートを敷き、油揚げの内側を下にしてのせる。1をのせて広げ、ピーマンを散らし、ピザ用チーズをのせる。

3 オーブントースターでこんがりとした焼き色がつくまで5～6分焼く。

一口かじると
カリカリの油揚げとともに、
納豆としらすのうまみが
じんわり広がる

油揚げの納豆しらす詰め焼き

材料（2人分）

油揚げ … 2枚
納豆 … 2パック
しらす干し … 20g
A ポン酢しょうゆ、白いりごま … 各大さじ1/2
練り辛子 … 少々

作り方

1 油揚げは長さを半分に切り、切り口から広げて袋状にする。

2 納豆をよく混ぜ、しらす干し、Aを加えて混ぜ合わせる。油揚げに等分に詰め、口は楊枝で留める。軽く押さえて平らにならす。

3 油はひかずにフライパンを熱して2を並べ、両面をこんがりと焼く。楊枝を外し、食べやすく切って器に盛り、練り辛子を添える。

納豆入りの田楽みそを、
揚げなすにとろりとかけて。
なすが粋な1品に

揚げなすの納豆田楽

材料（2人分）

なす … 3本
納豆 … 1パック
A
みそ、酒 … 各大さじ2
砂糖 … 大さじ 1/2
揚げ油 … 適量
粉山椒 … 少々

作り方

1 小鍋にAを入れて火にかけ、煮立ったら弱火にして混ぜながら1分煮る。納豆を混ぜて火を止める。

2 なすは縦半分に切り、皮から5mm内側にぐるりと切り込みを入れ、断面に格子状に切り込みを入れる。

3 フライパンに揚げ油を1cm深さまで入れ、180℃に熱し、2の皮目を下にして入れる。皮の色が鮮やかになったら返し、やわらかくなるまで揚げる。器に盛り、1をのせて粉山椒をふる。

ホクホクじゃがいもに、
納豆のとろみ、
バターのコクが絶品

じゃがバター納豆

材料（2人分）

じゃがいも … 2個（280g）
納豆 … 2パック
A しょうゆ … 小さじ2
A 砂糖 … 小さじ1/2
バター … 20g
粗びき黒こしょう … 少々

作り方

1 じゃがいもは皮をむかずに洗い、水けをつけたまま1個ずつラップで包み、電子レンジで7分加熱する。取り出して3分おいて蒸らす。

2 耐熱容器にバターの半量を入れ、電子レンジで20秒加熱して溶かし、Aと納豆を加えて混ぜる。

3 じゃがいもの上部1/3ほどに、十字に切り込みを入れ、相対する2か所を押して開き、2と残りのバターをのせ、粗びき黒こしょうをふる。

納豆が主役の体にいい献立 ⑦

・納豆の磯辺揚げ
・ほたてとわけぎのぬた
・セロリ塩昆布

簡単なものを3品並べた晩酌献立。納豆は焼きのりで包んでカラリと揚げます。ほかの2品は油なしで。わけぎとほたてのほんのり甘いぬたに、シャキシャキの歯ごたえで塩レモン味のさっぱりしたセロリのあえもの。野菜もたっぷりでヘルシーな組み合わせです。

ほたてとわけぎのぬた

材料（2人分）

ほたて貝柱（刺し身用）… 4個
わけぎ … 3本
A
- 白みそ … 大さじ2
- だし汁、酢 … 各大さじ1
- 砂糖 … 小さじ2
- 練り辛子 … 小さじ1

わけぎの白い部分（せん切り）… 1本

作り方

1 熱湯に塩少々（分量外）を入れてわけぎをゆで、ざるに上げて冷ます。続けてほたて貝柱をさっとゆで、氷水にとって冷ます。わけぎは3cm長さ、ほたて貝柱は1cm幅に切る。

2 耐熱容器にAを入れて混ぜ、ラップをかけずに電子レンジで2分加熱する。取り出して混ぜ、冷ます。

3 1を器に盛り、2をかけてわけぎの白い部分をのせる。

セロリ塩昆布

材料（2人分）

セロリ … 1本
A
- 塩昆布 … 5g
- レモン汁、ごま油 … 各小さじ1
- 白いりごま … 小さじ1

作り方

セロリはかたい筋を除き、茎は斜め薄切りにし、葉は細切りにし、混ぜ合わせたAであえる。

納豆の磯辺揚げ

材料（2人分）

納豆 … 2パック
焼きのり（全形）… 2枚
A
- みょうが（みじん切り）… 2個
- しょうゆ … 大さじ1/2
- 小麦粉 … 大さじ1

B
- 小麦粉 … 大さじ4
- マヨネーズ … 大さじ1
- 水 … 大さじ3

揚げ油 … 適量
すだち（半分に切る）… 1個

作り方

1 納豆を混ぜ、Aを順に加えてしっかり混ぜる。

2 焼きのりは6等分に切り、10枚を使用する。焼きのりに1を等分にのせてくるりと巻く。

3 Bを順によく混ぜて衣を作る。2ののり巻きに衣をつけ、180℃の揚げ油でカラリと揚げる。器に盛り、すだちを添える。

納豆が主役の体にいい献立⑧

・ねばねば盛り
・れんこんの塩きんぴら

ささっとできる2品の晩酌献立。
ねばねば盛りの材料は多めですが、ほとんどが切るだけ。
簡単なのに、とにかくおいしいので、わたしの定番の晩酌メニューになっています。
歯ごたえがよい、れんこんのきんぴらを添えて。

れんこんの塩きんぴら

材料（2人分）

れんこん … 1節（150g）

A
- 酒、みりん … 各大さじ1
- 塩 … 小さじ1/3

ごま油 … 大さじ1/2

作り方

1 れんこんは5～6cm長さ、1cm角の棒状に切る。

2 フライパンにごま油を熱し、れんこんを入れてじっくりと炒めて火を通す。Aを加えて炒め合わせ、器に盛る。好みで七味唐辛子少々（分量外）をふる。

ねばねば盛り

材料（2人分）

納豆 … 1パック

いか（刺し身用）… 80g

長いも … 5cm

たくあん … 5cm

オクラ … 4本

めかぶ（味がついていないもの）… 2パック（80g）

温泉卵 … 2個

焼きのり（八つ切り）… 適量

作り方

1 納豆にしょうゆ大さじ1/2（分量外）を混ぜる。

2 いか、長いも、たくあんは納豆の粒の大きさくらいの角切りにする。オクラは熱湯でさっとゆで、薄い小口切りにする。

3 器に1、2、めかぶを盛り、温泉卵をのせ、焼きのりを添える。よく混ぜて焼きのりにのせ、好みでおろしわさび（分量外）をのせて巻いて食べる。

5章 納豆でごはん・めん

納豆は、ごはんやめんと相性抜群です。
和風のメニューはもちろんのこと、
カレーやチャーハン、
パスタにしてもおいしい。
納豆を加えるだけで
ボリュームが出るので、
手軽に、おなか満足の一品になります。

納豆茶漬け

材料（2人分）と作り方

1 だし汁1 1/2カップ、しょうゆ小さじ1、塩小さじ1/3を合わせて温める。

2 器に温かいごはん150gを等分に盛り、納豆を1パックずつのせて細かく刻んだ三つ葉、茶漬け用あられ各適量を散らし、1をかける。おろしわさび少々を添え、好みでのせて食べる。

「
だしをかけると納豆のうまみがアップ！
手元にある薬味をのせてどうぞ
」

とろろに納豆となめこを入れた、
超ねばねば食感。
麦ごはんにかけてヘルシーに

納豆麦とろごはん

材料（2人分）

納豆 … 1パック
なめこ … 1パック
大和いも … 150g
A
- だし汁 … 1カップ
- しょうゆ … 小さじ2
- みりん … 小さじ1
- 塩 … 小さじ1/3

麦ごはん＊ … 300g
わかめ（もどしたもの）… 40g

＊米と押し麦を1対1で炊いたもの。

作り方

1 鍋にAを入れて煮立て、なめこを加えてひと煮し、冷ます。

2 大和いもはボウルにすりおろし、1を少しずつ加えて泡立て器でよく混ぜる。すべて加えたら、納豆を混ぜる。

3 わかめはみじん切りにし、麦ごはんに混ぜて茶碗に等分に盛る。2を添え、かけながら食べる。

納豆を混ぜながら食べると
キーマカレー風に。
納豆は粘りを出さないほうが美味

納豆野菜カレー

材料（2人分）

納豆 … 2パック
豚ひき肉 … 150g
玉ねぎのみじん切り … 1/2 個分
赤パプリカ（1cm 角に切る）… 1個
ズッキーニ（1cm 角に切る）… 1本
カレー粉 … 大さじ2
A
にんにく、しょうがのすりおろし … 各1かけ分
トマトピューレ … 200g
水 … 1 1/2 カップ
塩 … 大さじ 1/2
サラダ油 … 大さじ1
温かいごはん … 適量
香菜の葉 … 適量

作り方

1 鍋にサラダ油を熱し、玉ねぎを炒める。薄く色づいてきたらひき肉を加え、パラパラになるまで炒める。

2 カレー粉をふり入れ、香りが立つまで炒め、パプリカ、ズッキーニ、Aを順に加え、ふたをして 30 ～ 40 分煮る。塩を加え、さらに2～3分煮る。

3 ごはんを器に盛り、2をかけ、納豆をのせ、香菜の葉を添える。

納豆とえのきたけで、
ぶっかけうどんの喉ごしがアップ。
梅干しでさっぱりと

ぶっかけ 納豆ねぎうどん

材料（2人分）

うどん（乾燥）… 100g
えのきたけ（細かくほぐす）
　… 大1袋
納豆 … 2パック
A｜だし汁 … 2カップ
　｜しょうゆ、みりん
　｜　… 各大さじ2
梅干し … 小2個
わけぎ（小口切り）… 2本

作り方

1 鍋にAを入れてひと煮立ちさせ、冷ます。

2 たっぷりの湯を沸かし、えのきたけを入れてさっとゆで、ざるに上げて冷ます。続けてうどんを入れて、袋の表示時間通りにゆで、冷水にとってもみ、ざるに上げて水けをきる。うどんにえのきたけを混ぜる。

3 器に2を盛り、納豆、梅干し、わけぎをのせ、1を注ぐ。

たらこパスタに納豆をのせて。
バターの風味がよく合って、
くせになる味

納豆たらこパスタ

材料（2人分）

スパゲッティ … 150g
納豆 … 2パック

A
- たらこ（薄皮を除く）… 1/2 腹（40g）
- マヨネーズ … 大さじ2
- バター（室温でやわらかくする）… 20g
- しょうゆ … 小さじ1

青じそ（粗みじん切り）… 10 枚

作り方

1. 鍋に湯 1.5ℓを沸かし、塩大さじ1(分量外) を加え、スパゲッティを袋の表示時間通りにゆでる。
2. ボウルにAを入れて混ぜ、湯をきったスパゲッティとゆで汁 1/4 カップを加えてあえる。
3. 器に2を盛り、納豆をのせ、ボウルに残ったソースをかけ、青じそを散らす。

納豆が主役の体にいい献立⑨

・納豆チャーハン
・きのこ豆苗スープ

昼ごはんによく作るチャーハンとスープのコンビ。
チャーハンは納豆に味をつけておき、最後に加えるのがポイントです。
スープは野菜ときのこを具にして、足りない栄養素をプラス。
味のバランスがよく、2品でも満足！

きのこ豆苗スープ

材料（2人分）

しめじ（小房に分ける）… 1パック
豆苗（長さを半分に切る）
　… 1/2 パック
A 湯 … 1 1/2 カップ
A 酒 … 大さじ1
A 鶏ガラスープの素（顆粒）
　… 小さじ1
塩、こしょう … 各少々

作り方

鍋にAとしめじを入れて火にかけ、煮立ってから2〜3分煮る。豆苗を加えてひと煮し、塩、こしょうで味を調える。

納豆チャーハン

材料（2人分）

納豆 … 2パック
豚ひき肉 … 100g
A しょうゆ … 大さじ1
A 砂糖 … 小さじ 1/2
B にんにく、しょうがのみじん切り
　… 各1かけ分
B 長ねぎのみじん切り … 1/3 本分
豆板醤《トウバンジャン》 … 小さじ 1/2
塩、こしょう … 各少々
温かいごはん … 300g
ごま油 … 大さじ1
サラダ菜 … 1/2 個

作り方

1 Aをよく混ぜ、納豆を加えてさっくりと混ぜる。

2 フライパンにごま油を熱し、Bを炒める。香りが立ったら豆板醤を炒め、ひき肉を加えてパラパラになるまで炒める。塩、こしょうをふり、ごはんを加えて炒める。最後に1を加え、手早く炒め合わせて火を止める。

3 2を器に盛り、サラダ菜を添える。サラダ菜に包んで食べてもよい。

腸スッキリ！　美肌にも

体にうれしい納豆の力

納豆は、良質なたんぱく質を
多く含む大豆が原料です。
コレステロールはゼロで、
ビタミンE・B_2、食物繊維もたっぷり。
しかも、大豆に比べて
消化吸収されやすいのがすごいところ。
大豆に含まれるイソフラボン、
サポニン、レシチン、ポリアミン、
納豆菌の発酵によって生まれる
ナットウキナーゼ、ビタミンKなど
注目の健康成分も多く含んでいます。
大豆のよさはそのままに、
体にうれしい効果がパワーアップ！
納豆の小さな粒の中は、
栄養でいっぱいです。

ダイエットにも

ビタミンB_2は、大豆が発酵することで増えるビタミンです。このビタミンは、脂質や炭水化物のエネルギー代謝を促進することからダイエットのビタミンともいわれています。さらに納豆の糖質は1パック（40g）で約2g。納豆は、糖質オフのダイエット中の人にも安心の食材です。

血液をサラサラに

ナットウキナーゼという酵素は、血栓を予防したり、血栓を溶かす効果があるため、血液をサラサラにし、心筋梗塞や脳梗塞などの予防効果が期待できます。また、サポニンやポリアミンは、血中に脂質が増えるのを抑えたり、血管壁の炎症を抑制することで、動脈硬化や高血圧などを予防するともいわれています。

骨を丈夫に

納豆菌が作り出すビタミンKが、カルシウムの沈着を促進するため、骨の元気を保ち、骨粗しょう症を予防します。骨を丈夫にするためにカルシウムの補給が重要なことはよく知られていますが、実はたんぱく質も必要。納豆は良質のたんぱく質を含み、骨を作る土台にもなります。

お通じをよくします

納豆に含まれる食物繊維は、腸内の善玉菌を増やし、お通じをよくしてくれます。しかも納豆には、水溶性食物繊維と不溶性食物繊維の両方がバランスよく含まれています。さらに、納豆菌にも整腸作用があるので、腸内環境を整えてくれます。

肌を美しく

ポリアミンという成分は、細胞の生まれ変わりを促進して、新陳代謝を活発にする効果が期待できるため、美肌を保ち、肌の老化予防につながります。また、ビタミンB_2も肌のツヤやハリには不可欠なビタミンです。

アンチエイジング

イソフラボンには強い抗酸化作用があり、老化を防止するアンチエイジング効果やコレステロール値の抑制、免疫力を高める効能などもあります。また、イソフラボンは、女性ホルモンのエストロゲンと似た構造をしていることから、女性の若さを保ち、更年期障害を予防する働きがあるといわれています。

藤井 恵（ふじい・めぐみ）

料理研究家、管理栄養士。「家族の元気は食卓から」がモットーで、作りやすくておいしく、栄養バランスのよいレシピに定評がある。センスのよいライフスタイルも注目され、雑誌や書籍、テレビなどで幅広く活躍中。著書多数。

ブックデザイン　中村圭介　清水翔太郎　和田彩
堀内宏臣　藤田佳奈
（ナカムラグラフ）
撮影　鈴木泰介
スタイリング　大畑純子
構成・文　相沢ひろみ
校正　安久都淳子
DTP制作　天龍社
撮影協力　UTUWA
電話　03-6447-0070

体にうれしい
藤井恵のまいにち納豆

2018年6月28日　第1版発行

著　者　藤井 恵
発行者　髙杉 昇
発行所　一般社団法人　家の光協会
〒162-8448　東京都新宿区市谷船河原町11
電話　03-3266-9029（販売）
03-3266-9028（編集）
振替　00150-1-4724
印刷・製本　図書印刷株式会社

乱丁・落丁本はお取り替えいたします。
定価はカバーに表示してあります。

ISBN978-4-259-56584-8 C0077